A faint cold
fear
thrills through
my veins.

William
Shakespeare

Soirée mit Sirmione Zinth

MCMLXXVI

Jaja & Lucius Presse
im Verlag von Karlheinz Hartmann

Doktor Luderlack

Paß auf
daß du nicht
Doktor Luderlack triffst!
Er trägt
schwarze Schuhe
lacklederverbrämt
einen Mantel mit Pelz
ohne Hut hat ihn
noch niemand gesehen:
warum?

Paß auf
wenn du
Doktor Luderlack triffst!
er sticht
dir die Nadel
mit gelber Flüssigkeit
lautlos ins Bein
mit dem Arm
hat er's nie versucht:
warum?

Paß auf
wenn du
mit Doktor Luderlack gehst!
Deine Füße
werden kalt
du spürst
nur den Schmerz
im Kopf, den Kopf
starren die Leute an:
warum?

Paß auf
wenn du
von Doktor Luderlack kommst!
Deine Augen sind Knöpfe
deine Haut ist Fell'
schau in den Spiegel
du bist nicht mehr da
dein Gesicht
hat ein Affe im Zoo:
wieso!

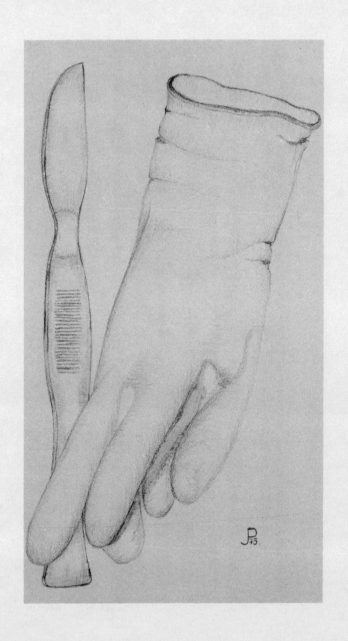

Bolero

Sie
waren in Schwarz
die Herren
der Gesellschaft
mit Ambitionen
erschienen
es war keine Bar
weit exklusiver
die Wände
mit Velour bekleidet
Rosen
in weißem Porzellan
schwerduftend
wie der Wein
goldschimmernd
im Kristall.

Sie war
nicht eingeladen
doch jeder
wollte
daß sie kam
an diesem Abend
und frei war –
erregend bemerkte
es jeder –
sie trug das Zeichen
den goldenen Fisch
der sich geschmeidig
mit Schwanz und Flossen

meisterhaftes Filigran
an ihrem Busen
bewegte.

Sie war
so frei
wie jeder es wünschte
sie wollte
Musik
nichts Banales
auch keinen Walzer
eine bestimmte.
"Licht aus!"
befahl sie
man lächelte
atmete schwer
und wartete:
man wußte
was kam.

Eintönig
zuerst
Instrumente liefen
dazu
man kannte
und liebte es schon
wußte
wie es war
daß
immer Wiederkehrendes

sich steigerte
jeden Nerv berührte
aufpeitschte
bis zu dem Ton
den sie fürchteten
nicht zu ertragen.

Sie tanzte
auf
schwarzem Samt
das paßte zu ihr
wie das silbrige Haar
mit dem Stich
ins Grüne
die schwerumschminkten
Augen
"Rosenthal"
flüsterte einer
als sie sich entkleidete
und ihre Glieder
auf der weichen
schwarzschimmernden Nacht
bewegte.

Sie wußte
genau
was sie tat
und wie
ohne zu überlegen
traf sie

jeden auf seine Weise
mit ihren Nuancen
ein wenig mehr –
man wartete
auf das Wenige
zu viel
das sie verschleierte
bis zu dem Ton
der den Schleier
zerriß.

Sie war
nicht mehr frei
wollte
Porzellan auf Samt
ein letztes Mal
spielen
nicht sehen
die Augen der Männer
wartendes Erwarten
auf das goldene, schlängelnde
Filigran –
enttäuscht
verstarb der Ton –
sie warf
den Fisch
zu keinem Mann!

Enttäuschung
die vergeht –

es war Erregung
die blieb
von den Herren
befohlen
lief die Musik
wie ein Uhrwerk
einmal und noch einmal
bis sie es wissen
sollte
was
man verlangte
bis sie es tat
mit dem einen:
Ambitionen der Anderen.

Sie sagte nicht:
"Ich liebe"
wo man die Worte
nicht verstand
sie Velour, Kristall
und Rosen
unterordnete
tanzte sie besser
in ihrer Verzweiflung
mit
erschöpften Gliedern
was mehr noch erregte
als die Musik
die fieberhaft schon
ins Gehirn

der Männer traf.

Es war
ein Funke
der sprang
von einem zum anderen
lustvoll im Grauen
zu denken
es zu tun
sah keiner den anderen an
wartete jeder
starrte
auf ihren weißen Körper
der sich bewegte
mechanisch in Trance
ohne zu geben;
das Letzte
mußte man ihr entreißen.

Sie faßten
nach dem Fisch
zerrissen
die goldene Kette
zerstörten
den Tanz ihrer Glieder
zerbrachen
Porzellan auf Samt
verschlossen
blieb der Schrei
unter den Händen der Männer.

"Sie war nicht eingeladen",
sagten sie später
und töteten den Fisch.
Die Musik
wollte keiner mehr hören.

Tommy Tom tok tok

Sie tanzen, trinken, rauchen und geben ihm einen Namen: Tommy Tom. Sie schreien den Namen vor Lachen und sind sich einig: Tommy Tom – tok tok. Sie wissen schon alles, Tommy Tom weiß nichts. Er weiß nicht, ob er nachhause gegangen ist. Vielleicht hat er sich ausgezogen und ins Bett gelegt. Tok tok...

Die Nacht ist fremd. Tommy Tom erwacht. Kreisendes Mondlicht, und im Keller, wo die Fässer liegen, klopft es. Zusammengeschrumpft sind die Dielenbretter. Dazwischen klaffen Ritzen. Durch die Ritzen kann er in den Keller sehen. Tommy Tom denkt: zuviel getrunken und geraucht und kalte Füße. Auch das Bett ist kalt. Es hat keine Decke, nur ein Tuch. Er hört sie brüllen vor Lachen. Sie waren alle da, bei Raveault, und einer hat gesagt: im Keller liegen sie. Wer? Tommy Tom kann sich nicht entsinnen. Sie liegen im Keller, wo es klopft, als laufe einer auf Stelzen. Tok tok...

Durch einen großen Spalt dringt Licht nach oben. Tommy Tom starrt auf den Boden. Es bewegt sich etwas, zwängt sich durch den Spalt. Schwarz und behaart. Eine Spinne, ein ziemlich großes Tier, läuft zum Fenster, macht kehrt und kommt zu auf Tommy Toms Bett.

Klatsch. Langsam erstarrende Bewegungen. Im letzten Krampf zieht die Spinne die Beine ein wie Vogelkrallen. Aus. Tommy Tom ekelt sich. Das hat er Raveault erzählt: Ich ekle mich vor nichts mehr als vor Spinnen, den sperrigen Beinen und der hängenden pulsierenden Kugel mit den glänzenden Punktlichtern, den bösen Augen. Wenn eine durch den Kellerspalt nach oben kommt, erschlage ich sie...

Furchtbar, denkt Tommy Tom, wie sie alle getrunken haben und geraucht und sich nachher auf dem Boden wälzten, lachten und tobten und ihre Kleider zerrissen. Tommy Tom tok tok haben sie geschrien.

Er liegt unbequem. Er spürt Beklemmung, die schmerzt. Er sieht die zweite Spinne. Sie verharrt, läuft zu auf Tommy Toms Bett und wird erschlagen. Tommy Tom fröstelt. Mit dem Pantoffel schiebt er die erstarrten Leiber unter das Bett. Zu spät bemerkt er die dritte Spinne. Kühler Hauch bleibt auf seiner Haut. Tommy Tom starrt auf seine Hand. Darübergelaufen, denkt er, und nun hockt sie irgendwo. Ein plötzlicher Verdacht, den er spürt. Mit den Augen sucht er angestrengt irgendetwas in dem totenstillen Raum. Das Licht stört ihn. Es kreist lautlos, wird stark und grell und erstirbt zum Schatten.

An der Uhr lehnt ein weißer Brief. Er kennt ihn und kennt ihn doch nicht. Er darf nicht denken, von wem er ist. Hinter dem Denken steht ein seltsames Lächeln wie böse Angst. Die Uhr schlägt erschrocken. Zu spät sieht Tommy Tom, was geschieht. Es quillt aus dem Spalt am Boden. Wenn sie frei sind aus der schwarzen Spinnenmasse, laufen sie schnell durch den Raum und huschen wie Schatten in die Ecken. Die Uhr schweigt. Tommy Tom erschrickt. Auf dem Zifferblatt hockt eine Spinne. Drei hocken auf dem Pantoffel, den Tommy Tom nicht zu ergreifen wagt. Der andere ist von einer besetzt, die er blitzschnell abschüttelt und erschlägt.

Für seine Spiele wollte ihn Raveault haben. Weil er nicht wollte, brüllten sie: Tommy Tom tok tok und sagten, er würde es bereuen.

Sein Blick erstarrt. Er sieht auf das Tuch über seinem Körper. Auf der Decke schon bis zur Brust stehen große Schatten in gespreizter Stellung bewegungslos, auch wenn er mit den Beinen das Tuch hebt und senkt. Die Spinnen heben und senken sich mit. Grauen lähmt ihn. Er weiß nicht: beißen die Spinnen, können sie ihn umklammern und, wenn es viele sind, ersticken?

Tommy Tom springt auf, schlägt das Tuch gegen die Wand, will flüchten und zertritt mit dem nackten Fuß Nachgiebiges, äh! Sein Hemd liegt am Boden. Es ist schwarz vor Spinnen. Er schüttelt es und streift damit schnell über seine Hose. Trotzdem läuft eine blitzschnell hinauf zu seinem Hals. Er spürt auf der Haut die sechs Punkte, die sich erst beim zweitenmal Hinschlagen lösen...

Sie kommen irgendwoher aus dem Keller. Tommy Tom stopft sein Hemd in den grossen Spalt. Nun kommen keine schwarzen Spinnen mehr. Aber aus den kleineren Ritzen kommen andere. Sie kommen einzeln, und wenn er gleich zuschlägt mit den Pantoffeln, in jeder Hand einen, kann es nicht lange dauern, und alle sind tot, denkt er. Es sind viele Ritzen, und die grünen Spinnen haben starke Beine und springen. Drei, viermal drischt er auf eine, bis sie tot ist. Sie hat ihn gestochen. Es schmerzt bis ins Rückenmark.

Er wollte gar nicht zu Raveault. Sie haben ihn mitgezerrt. Du bist ein Feigling! Ich bin nicht feige. Er wollte lernen für die Prüfungen. Du bist erledigt, weißt du das? Also ging er mit ihnen. Und das waren die, die geschrien haben: Tommy Tom tok tok...

Die schwarzen Spinnen sind nicht gefährlich, sie kommen nur in Massen, heben Tommy Toms Hemd vom Spalt, drängen es weg und laufen auf ihn zu. Er schüttelt sie ab, streift sie weg, tritt sie tot.

Das Licht aus dem Keller macht ihn verrückt. Es dreht sich in flammenden Kreisen. Den großen Spalt zu, denkt er, damit die Schwarzen nicht kommen können. Ich muß mich konzentrieren auf die Gefährlichen, die stechen. Er kniet, schiebt mit dem geknäuelten Hemd den Spinnenball zurück und hat den Blick frei. Nur ganz kurz, aber er sieht die Fässer. Die Spunde sind fort. Raveaults Wein gärt, quillt aus dem Spundloch, da schwarz behaart, hektisch sich bewegende Beine, dort grünschillernd, langsamer, spreizig und sehnig. Am dritten Faß bewegt sich der Spund. Grellgelb ist die erste und doppelt so groß wie die grüne Spinne.

Tommy Tom läuft zum Fenster. Der Griff ist abgebrochen. Wenn er das Glas zerschlägt, kommen sie auch von außen. Sie sitzen wie kleine Kraken vor dem

Mond, unbeweglich zu Tausenden. Sie kriechen, nun sieht es Tommy Tom voller Entsetzen, auch durch den Türspalt, und sie kommen mit Raveaults heiserem Lachen. Tommy Tom schreit auf. Das sollte er nicht tun. Er spürt sie auf der Zunge, spuckt die Spinne aus, aber sie hat ihn schon gestochen. Tommy Tom springt zum Bett. Es ist zu spät, das Tuch zu nehmen, um sich hineinwickeln zu können. Spinne hockt neben Spinne, über die Schwarzen krallen sich die Grünen. Wenn er die Hand ausstreckt, springen sie ab, auf ihn zu. Die muß er mit der Hand anfassen, wegreißen und gleich zerdrücken. Seine Hände sind klebrig, es riecht nach Säure wie Urin, der länger stand.

Solche Schweine sind das also, die sich das Zeug in die Kehle schütteten. In kreischender Lust sprangen sie auf ihn zu. Er zitterte vor Abscheu, und sie schrien es immer wieder an seine dröhnenden Trommelfelle: Tommy Tom tok tok. So also wollten sie es haben.

Tommy Tom spürt den plötzlich stechenden Schmerz im Kopf, die starke quälende Übelkeit im Magen. Angst und Ekel steigern sich in ihm zur sinnlosen Wut. Er schlägt um sich, trampelt los, tritt herum auf dem Spreizigen und Breiigen, bis ihm die toten Spinnenbeine zwischen den Zehen hängen und sich klebrige Flüssigkeit über seine Haut spannt wie ein Film.

Die Tiere seufzen nicht, sie schreien nicht, kein Stöhnen. Sie weichen nicht zurück, sie kommen nur stur und stumm wie das Grauen. Tommy Tom erbricht sich. Der saure Geruch ist furchtbar und vermengt sich mit dem der sterbenden Tiere. Die erste Gelbe starrt auf Tommy Tom. Mit gespreizten Beinen marschiert sie los. Drohend dröhnt ihr Tok tok auf den Dielen, als hätte sie Blei zwischen den Klauen. Sie kommt. Ihr Tok tok verstummt. Mit einem Satz springt sie ihn an und beißt sich in sein Fleisch.

Tommy Tom darf nicht schreien, sonst drängen die schwarzen Spinnen in den Mund. Er hat nicht aufgepaßt. Sie rasen über seine nackte Brust, krabbeln eifrig durch sein Haar, über die Stirn, lassen sich auf seine Lippen fallen. Er darf nicht schreien. Eine Grüne springt ab von der Decke, ihm gerade ins Gesicht. Sie stelzt auf seiner Wange, sticht zu, daß er aufschreit. Die Schwarzen haarigen im Mund, will er das Vieh an seinem Arm zerstören. Tommy Tom schluckt die Schwarzen in den Schlund, schluckt und würgt, reißt an dem Vieh und den Körper weg. Der Kopf frißt weiter an dem Loch. Beine stecken verkrallt im Fleisch wie Spieße. Tommy Tom tok tok...

Das war es also, und sie haben es ihm gesagt, und er hat es nicht geglaubt. Du wirst schon sehen, wie das ist. Sie haben ihn in ein Zimmer gezerrt und an die Wand gestellt. Willst du? Nein. Du hast zu wollen, wir haben es alle gemacht. Ihre starren Augen! Sie hielten ihn fest und schütteten ihm das Zeug in den Mund, rauchige Säure, oder was sonst. Manche lagen nackt am Boden. Mädchen ließen willenlos die Arme hängen. Sie vertrugen das nicht. Sie konnten nichts dagegen tun, daß andere ihre Kleider zerrissen und ihnen die Hände auf den Rücken banden. Sie lachten, weil sie den Schmerz nicht mehr spürten, und die anderen lachten mit spitzen, irren Schreien wie Tiere. Ihm warf man die Nackte an die Brust, die schon blutete und furchtbar schrie. Aber die anderen schrien noch mehr, tanzten und stampften, ein überlautes Trommelschlagen, das klang, als hätten sie alle Tommy Tom tok tok gerufen...

Die gelben Spinnen können ihn töten. Sie kommen nun statt der Schwarzen

durch den großen Spalt. Eine nach der anderen zieht sich am Rande hoch. Tommy Tom weicht zurück. Er sieht, wie schnell sie zu viert sein Hemd zerfressen. Andere marschieren ein Stück, tok tok, langsam, eine Formation lauernder, schweigender Tode. Grüne Spinnen weichen aus, stelzen rückwärts und bleiben wie erstarrt im Schatten. Die kleinen Schwarzen haben Tommy Toms Körper fliehend verlassen. Das Licht kreist, wird heller und greller, Farben blenden in wirrer Folge, ein Kreischen wie von Sägen und hartes Aufschlagen. Glas auf Stein. Tommy Tom schwankt. Die erste Gelbe aus der Reihe springt, die zweite, die dritte. Tok tok klingen die Schaufeln der Totengräber an seiner Haut. Tommy Tom stürzt. Und die Gelben fallen mit, hängen an ihm, ganz nah vor seinem Blick: schwer pulsierende Körper, die in riesigen Gestellen hängen. Er reißt sie aus seinem Fleisch; sieht die neue, die mit einem Satz kommt, noch eine, noch eine, noch eine, starrt auf die, die am nächsten sitzt, unter seinem Hals. Mein Gesicht, denkt Tommy Tom, meine Augen, wenn sie näherkommt. Sie beißen sich in den Hals, sie fressen sich in seine Brust, in seine Beine. Blut läuft aus seinen Händen, die er nicht mehr gebrauchen kann. Die Uhr schlägt, sie sitzen auf seinen Augen, zerfressen die Lippen, und wenn sie nicht weiterkommen an den zusammengebissenen Zähnen, versuchen sie die Nasenhöhlen. Da öffnet Tommy Tom von selbst den Mund, um zu atmen. Sein Rücken wird heiß von toten Spinnenleibern. Grüne kommen, keine Gefahr für sich sehend, angestelzt und stechen. Und über tödliche Wunden laufen die kleinen Schwarzen weiter... bis das Licht verlöscht.

Morella

Vergiß Morella!
Sie starb an deinen Füßen
in einer Nacht
wo
rot in rot
der Abend
im letzten Licht
für dich
die heißen Träume
auf die Pflastersteine
schrieb
und davor warnte
was dich noch heute
schreckt.

Vergiß den Traum!
Es war –
Gewesenes ist längst vorbei –
du sollst dich nicht
erinnern
an dunkle Augenhöhlen
grauer Häuser
an klamme Finger
die am Mörtel kratzen
wie Katzenkrallen
oder
nach ihr greifen
ans dunkle Haar
deiner Geliebten
die fest du an dich nimmst

in deine Arme
sie zu schützen
vor unsagbar
und doch Geschautem
in jener Nacht...

Es kommt
gehüllt in graue Lumpen
vom Wind
verzerrte Tücher
schlagen um Gestalten
die langsam
sich bewegen
in langer, stummer
Prozession
vorbei
an dunklen Pforten
näher kommen
auf dich zu
du weißt nicht
sind es Tote
die beim Schlag der Uhr
nur aufgestanden
sich selbst
mit Grinsen und Gelächter
Eisenspitzen
in die Körper bohren
und
mit dem Blut –
warum erschrickst du

sie waren
schon am Abend
du hast sie nicht gesehen –
die Kreuze
an die Häuser streichen.

Vergiß die Stadt!
Im blauen Licht
hängen geschlachtete Gänse
schwanken
mit blutroten Federn
genau
über dir
kalt sind deine Füße
du kannst sie nicht bewegen
du stehst
und neben dir der Schrei
dringt
gegen irres Lachen
hat sich schon aufgelöst
in Angst
Entsetzen spürst
nicht du allein
wenn schleichend sie kommen
lautlos
auf nackten Füßen
erkennst du die Zähne
die Blicke
den Mund
spürst schon den Atem

der faulig
gegen dich weht.

Vergiß Morella!
Sie werfen nicht immer
mit Steinen
und laufen euch nach –
wenn ihr es könnt
mit keuchendem Atem
zu fliehen
durch Gassen der Angst –
auch wenn sie stürzt
auf den Steinen
nimm sie
mit dir
laß sie nicht liegen
auf kalkigem Gestein
verbluten
lauf nicht davon
weit weg
wo nichts mehr ist
und
du in tödlicher Ruhe
erkennst:
vergessen im Traum
sie starb
an deinen Füßen.

Moran Pinkas

Es war nichts Besonderes an diesem Laden. Moran Pinkas hatte ihn eröffnet. In einer schmalen Gasse mit Kopfsteinpflaster und Rinnsteinen rechts und links. Die Häuser standen dort dicht aneinandergedrängt. In den kleinen Fenstern gab es noch die selbstgehäkelten Gardinen und davor die Geranienstöcke.

Moran Pinkas war den Leuten so unbekannt wie sein Name, der seltsam genug klang. Mit kräftigen Hammerschlägen wurde das neue Ladenschild befestigt. Das Schaufenster bot enttäuschend wenig. Dunkle, eintönige Herrenanzüge, Oberhemden und Krawatten. Wäre nicht die schöne Schaufensterpuppe gewesen, die die Blicke Vorübergehender auf sich zog, gäbe es nichts über Moran Pinkas' Kleiderladen zu sagen. Völlig unmotiviert stand die Dame, in Samt und Seide gekleidet, in der Mitte des Schaufensters, weit im Hintergrund. Sie wirkte starr durch den Samtumhang, der ihre Arme verdeckte. Die langen, blonden Haare der Perücke lagen auf den Schultern. Das Gesicht aus Wachs war fast traurig. Die langen Wimpern erinnerten an Weberknechtsbeine, mühsam aneinandergeklebt. Eine schlafende Puppe ohne Anspruch auf reges Interesse?

"Haben Sie die Puppe gesehen?" fragte

André Duval Sokrates. Wie viele andere Studenten, brachte auch er seine Schuhe zu ihm. Die Werkstatt befand sich gegenüber von Moran Pinkas' Kleiderladen.

"Die Puppe?" Über seine Brille hinweg richtete Sokrates den Blick aus seiner verstaubten Werkstatt über die Straße, hinüber zu den Herrenanzügen. Das war seiner Neugierde entgangen. "Nein, noch nicht", sagte er.

André Duval verließ die Werkstatt. Einen Augenblick noch stand er vor Moran Pinkas' Kleiderladen, dann ging er den Weg zu seinem Zimmer. Es war der Weg, den er täglich ging.

So fiel es André Duval auf, als die Puppe andere Kleider trug. Georgette in orange umschloß die starren Glieder. Es mußte die schöne Farbe des zarten Gewebes sein, die André Duval fesselte. Länger als sonst betrachtete er die Puppe. Er tat es auch am nächsten Tag. Ja, er ging schneller, als er zu Moran Pinkas' Kleiderladen kam und zögerte wegzugehen.

Als er seine Schuhe bei Sokrates abholte, wurde er gefragt: "Haben Sie die Puppe gesehen?"

Sokrates hatte ihn beobachtet. Das Lächeln des Geheimniskrämers lag auf dem Gesicht des Schusters. "Heute trägt sie Blau", sagte er mit einer Stimme, die André Duval fast verletzte. Er wagte es nicht, hinüber zu Moran Pinkas' Kleiderladen zu gehen. Einen ganzen Nachmittag saß er über seinen Büchern. Als er abends im Licht der Schreibtischlampe las, hatte er die Worte, "Heute trägt sie Blau" noch immer nicht vergessen. Er stand auf und verließ, ohne die Bücher wegzuräumen und die Lampe zu löschen, sein Zimmer.

André Duval wohnte in der Nähe des Friedhofs. Er ging vorbei an dem Geschäft mit Blumen und Kränzen. In der Gasse war es still, Moran Pinkas' Kleiderladen erleuchtet. André Duval erschrak, als Glockenschläge die Stille durchhämmerten. Es war elf Uhr, und plötzlich verlosch das Licht in Moran Pinkas' Kleiderladen. André Duval zögerte weiterzugehen, dann tat er es doch. Er preßte sein Gesicht gegen das Glas der Fensterscheibe. Sie stand da im Hintergrund, ruhig im Schatten. Das Blau konnte er nur ahnen.

Es war ein heiteres Blau. Er sah es am anderen Tag. Er schaute mit Absicht nicht nach rechts zu Sokrates' Werkstatt.

Und doch fühlte er den Blick des Schusters auf seinem Rücken, so lange er vor Moran Pinkas' Kleiderladen stand.

Es war nicht das Absurde, das André Duvals Aufmerksamkeit erregt hatte. Gewiß, die Frau aus Wachs war seltsam, denn Moran Pinkas verkaufte nur Herrenanzüge und keine Damenkleider. Daß er die Puppe als Anziehungspunkt benutzte und sie deshalb mit großer Sorgfalt kleidete, war seine Sache. Vielleicht war dies geschickt durchdacht. Nein. André Duval wurde in einer Weise angesprochen, die mit diesen Gedanken nichts zu tun hatte.

Wie ein feiner Faden legte sich etwas um sein Denken und schnürte es zusammen. Vielleicht glaubte er, sich verliebt zu haben. Aber das Gesicht sah niemandem ähnlich. Blasses Wachs, darauf die Schatten der Wimpern, denn die Puppe schlief. André Duval aber wollte die Augen sehen. Er erschrak selbst über den Wunsch, der in ihm war.

Er hätte nie gedacht, daß so etwas möglich sei; das Gesicht störte ihn. Es schien ihn zu begleiten, wohin er ging. Kaum noch gab es Minuten, in denen er es vergaß. Es drängte sich zwischen die Seiten der Bücher, die er las. Blätterte er weiter im Unbehagen, das ihn befiel, erschien es wieder. Nachts stand es im Dunklen vor ihm. Wenn er aufsprang und den Knopf der Lampe drückte, verschwand es. Verlöschte das Licht, kroch es aus der Finsternis auf ihn zu, auf André Duval, dessen Herz zu klopfen begann.

Er wußte selbst, daß er sich in lächerlicher Weise von etwas gefangen nehmen ließ, das sein Verstand nicht annahm. Er nahm sich vor, der Sache ein Ende zu setzen, indem er es vermied, bei Moran Pinkas stehenzubleiben. Statt dessen betrat er den Laden, um eine Krawatte zu kaufen. Für eine teuere wollte er kein Geld ausgeben, trotzdem ließ er sich solche zeigen.

Wie alt Moran Pinkas war, konnte André Duval leicht abschätzen. Er war noch kein alter Mann und ein bärtiger, dunkler Typ. Er schaute André Duval an, als kenne er ihn. Seine Augen waren groß und von einer grauen Farbe, die in seinen Laden paßte. Es war keine Verkaufsabsicht, die darin lauerte, sondern unverhohlene Neugier und vielleicht ein leiser Spott. André Duval wußte, daß er von zwei Seiten beobachtet worden war. Das verwirrte ihn. Er achtete kaum auf die bunten, glänzenden Gewebe, die Moran Pinkas schlangenartig durch seine Hände gleiten ließ. Mit wieviel Gleichgültigkeit dies geschah, war an der Ruhe zu bemerken, die sich dabei lähmend von dem einen auf den anderen legte. Doch schien das nur äußerlich. Der lauernde Blick Moran Pinkas' hielt André Duval fest, und wenn seine leise Stimme fragte "wie wär's mit dieser hier" oder "die könnte ich Ihnen empfehlen", schaute er nicht zu den Krawatten. Nur André Duval starrte auf die kleinen Musterungen, auf rote Karos im dunkelblauen Grund oder silberne Punkte in Grau. Eine unbestimmte Angst schnürte ihm fast die Kehle zu. Er sagte, er könnte sich nicht entscheiden und ging fort. Dann, beim Verlassen des Ladens, sah er die Puppe; von hinten war sie nackt.

André Duval fand bei seinen Schuhen reparaturbedürftige. Ein Besuch bei Sokrates erschien ihm notwendig, obwohl er nicht klar wußte, was er ihm sagen wollte. Eine gewisse Rechtfertigung, doch weshalb? Er habe sich gestern die Krawatte näher besehen, die er schon täglich betrachtet hätte.

"Die Krawatte?" fragte Sokrates mit einem Blick über die Brille. Hätte ihn André Duval gesehen, wären seine Worte "sie war mir zu teuer" kaum gekommen.

"Das ist so", murmelte Sokrates. Lachte er in sich hinein? Alles erschien plötzlich wie ein Geheimnis, das jeder anders kannte. André spürte einen Druck, der nicht weichen wollte. Seine Brust war ihm zu eng, um atmen zu können. Keinen Blick wandte er zu Moran Pinkas' Kleiderladen und wußte doch: sie stand da in Weiß.

Gegen Abend betrat er den Laden.

"Sie kommen wegen ihr", sagte Moran Pinkas. Er sagte es sehr ernst, fast traurig. Seine Augen richteten sich auf den weißen Chiffon, der hell im dämmrigen Licht des Ladens leuchtete. Ein Cape aus Nerz verdeckte die Arme der Puppe. Oder hatte sie keine? André schauderte. Etwas erschien ihm unheimlich, doch konnte er nicht mit Bestimmtheit sagen, woher das Bedrohliche kam. Strahlte es aus von der Puppe, auf deren Kleid große, silberne Pailletten wie böse Augen blitzten? Oder lag es an Moran Pinkas, den er, so lächerlich das schien, als Rivalen betrachtete? "Sie kamen immer wegen ihr", sagte Moran Pinkas. "Sie hatte etwas, das Männer anzog."

André wußte sich nicht zu helfen. "Von

wem sprechen Sie?" fragte er verblüfft. Moran Pinkas schien zu erwachen. Sein Lächeln wirkte gestört. Oder war das gespielte Absicht? Nein. "Entschuldigen Sie", sagte er leise. "Ich spreche von meiner Frau. Sie war sehr schön."

Etwas Gefährliches stürzte zusammen. Einen Augenblick war alles klar. Für André kein Grund, Angst zu fühlen.

"Sie ist tot?" fragte er. Nein, er stellte es fest. Moran Pinkas nickte hinüber zur Puppe. "Sie trägt ihre Kleider. Was soll ich mit ihnen machen?" So einfach war das also.

André ging. Moran Pinkas begleitete ihn nicht zur Ladentür. Er blieb stehen, wo er war. Im dämmrigen Licht konnte André nicht sehen, ob sich sein Gesicht vor Schmerz verzerrte oder ein Grinsen es entstellte. Als er die Ladentür geschlossen hatte, meinte er, hinter sich ein Lachen gehört zu haben. Sein Blick fiel auf das Schaufenster des Schusters. Über die Brille hinweg starrte ihn Sokrates an; er lächelte nicht.

André rannte davon. Atemlos erreichte er sein Zimmer. Seine Hände zitterten. Kaum spürte er seine Füße; sie erschienen ihm wie abgestorben. Er erinnerte

sich plötzlich, daß es kalt gewesen war, sehr kalt in Moran Pinkas Kleiderladen.

André gelang es nicht, seine Studien aufzunehmen. Buch für Buch legte er zur Seite. Die Verwirrung in ihm war zu groß. Trotzdem schlief er in dieser Nacht.

Als er am nächsten Morgen sein Fenster öffnete, glaubte er, sich befreit zu haben. Er schaute in das unbestimmte Herbstlicht, das ihm durch das Gelb der Blätter schwermütig erschien. Die Stille störte ihn. Von der Mauer her kommend, die den Friedhof umschloß, breitete sie sich aus in dem großen Garten zu seinen Füßen, kroch die Wand empor zum Fenster und ihm ans Herz. Er schloß das Fenster, weil er die Nähe des Todes in den weißen Marmorsteinen sah und nicht sehen wollte.

André wußte, daß es besser gewesen wäre, einen Umweg zu machen. Er fühlte sich dazu nicht imstande. Heute trug sie Rot. Es war eine leuchtende Farbe, feiner Tüll, mit Seide unterlegt. Der Stoff floß weit um ihren Körper.

"Warum kommen Sie wieder! Warum lassen Sie mich nicht in Ruhe?"

Darauf konnte André nichts sagen. Er schaute auf das im Rücken auseinandergeschnittene Kleid. Es trieb ihn, Schritt für Schritt, zur Puppe, bis ihn Moran Pinkas zurückriß.

"Sind Sie wahnsinnig?" Seine Augen schauten ihn an. Im Weiß lagen rote Äderchen. Und rotumrandet wirkten Moran Pinkas' Augen häßlich in dem fahlen Gesicht. André erschrak. Hatte der Mann sich so verändert?

"Ich habe sie geliebt, verstehen Sie?"

André nickte. "Und nun zerschneiden Sie ihre Kleider."

"Sie hat viele besessen."

"Kleider, nicht wahr?" sagte André. Nein, nein, er wollte nichts anderes hören.

"Kleider, ja", betonte Moran Pinkas fast triumphierend.

André stand so nahe bei der Puppe, daß er sie hätte berühren können. Ein feiner und kalter Zug schien von ihr auszugehen. Das nackte Wachs glänzte. Nur an einer Stelle nicht. André wollte fragen, was das wäre, das kleine wässrige Rinnsal, hier, auf oder unter dem Wachs. Seine Stimme erstickte vor Schreck. Moran Pinkas zog ihn fort. André zu sich zwingend, legte er ihm den Arm um die Schultern.

"Ich schenke Ihnen die Krawatte."

"Welche Krawatte?"

"Nun, die, die Sie haben wollten." In Moran Pinkas' ungeduldiger Stimme war etwas wie Hysterie.

"Ich will keine Krawatte", sagte André. "Ich will..."

"... ich weiß", unterbrach ihn Moran Pinkas. Furcht oder Wahnsinn, was machte seine Augen so erschreckend groß?

Er schob André zur Tür. André ließ sich schieben. Er spürte die knochige Hand des Mannes an seinen Rippen wie den Lauf einer Waffe. Wie hilfesuchend schaute André hinüber zu Sokrates. Er saß nicht auf seinem Schemel und klopfte Nägel in die Schuhsohlen. Er stand, durch das Glas seiner Schaufensterscheibe deutlich zu sehen, selbst wie eine Ankleidepuppe, starr den Blick auf etwas Bestimmtes gerichtet, auf ihn, André.

Es war so, als zöge sich ein Kreis eng zusammen. Ein dumpfer Schreck war in André. Er fühlte sich hilflos. Seine Brust war ihm wie zusammengepreßt. Er konnte kaum atmen. Und doch brauchte er frische Luft. Ein Kleiderladen riecht nicht gut. André war dem Erbrechen nahe. Er durfte nicht an den Geruch der Stoffe denken, in den sich Süßliches wie schlechtes Parfüm gemischt hatte. Neu und erregend waren da noch die letzten Worte Moran Pinkas'. André verstand sie nicht. "Ich werde Ihnen zeigen, wie es geschehen ist. Kommen Sie zu mir. Am Samstagabend. Sie wissen schon viel..."

André zuckte zusammen, als er seinen Namen hörte. Sokrates, es war nur Sokrates, der vor dem Laden stand und rief, seine Schuhe seien fertig. Ach so! André atmete auf und ging zu ihm. Hier roch es nach Leder und nicht süßlich wie in Moran Pinkas' Kleiderladen. Vielleicht roch es auch nach Staub, doch war hier nichts Unangenehmes, Geheimnisvolles oder Erschreckendes. Sokrates nahm Platz auf seinem Hocker, rückte die Brille zurecht und klemmte einen Herrenschuh zwischen die vom Lederschurz geschützten Knie. Er schaute André wohl an, doch ging sein Blick sofort hinüber über die Straße, als er fragte: "Was sagt der Mann?"

André gestand. Er wußte nicht, weshalb er es tat. Er hätte es vermeiden können. Was hatte Sokrates damit zu tun?

"Sie lachen, nicht wahr?"

"Über Ihre Angst, ja, über ihn, nein."

Sokrates' Augen waren nicht listig. Heimtückisch? Vielleicht - was im nächsten Augenblick unmöglich erschien.

"Niemand kennt ihn. Er ist noch nicht lange in der Stadt. Und Sie", er schaute André mit dem sicheren Blick eines Wissenden an, "Sie haben ihn erkannt."

"Nein", rief André. Was auch sollte er erkannt haben! Qualvoll spürte er wieder die Angst, Unsicherheit und das lähmende Gefühl, nicht zu wissen, wie er sich befreien konnte.

"Es ist die Puppe, diese scheußliche Puppe", brach es aus André hervor.

"Aber die Puppe ist schön und immer neu gekleidet." Sokrates sprach fast beruhigend auf ihn ein. "Sie ist wirklich schön, sehen Sie, er trägt sie fort."

"Moran Pinkas hat mich eingeladen." André sprach in einem Zustand vollkommener Hilflosigkeit. "Morgen, am Abend."

"Sie gehen nicht zu ihm", sagte Sokrates.

"Doch", entschied André.

"Was wollen Sie bei ihm?" Sokrates lachte. Er tat es plötzlich, was André irritierte. Und er sagte, noch immer lachend: "Mein Freund, er wird Sie ermorden."

Diese Lächerlichkeit wirkte auf André ernüchternd. Er kannte Sokrates, seinen Hang zu Makabrem, seine heimlichen Lüste, sich im Schusterdämmerstübchen Verbrechen auszudenken, die in biederen, kleinen Gassen nie geschehen.

"Also, passen Sie auf mich auf." Es gelang André sogar zu lachen. "Ich schreie, wenn der Tee zu heiß ist."

"Tee?" fragte Sokrates, "Tee?"

André verließ den Laden, wie ihm selbst vorkam, plötzlich sehr beruhigt. Eine nervliche Erschöpfung, nichts weiter. Vorgegaukelt von den eigenen Geistern der heimlichen inneren Schreckenskammer.

Es regnete, als er am Samstagabend das Haus verließ. In den Stunden davor hatte er recht gut gearbeitet. Beinahe hätte er vergessen, zu Moran Pinkas zu gehen. Ein leichter Wind trieb André vom Rücken her. Noch waren die Geschäfte beleuchtet. Das Licht aus Moran Pinkas' Kleiderladen lag hell auf dem nassen Kopfsteinpflaster und den angewehten gelben Blättern. Glänzendes Gold unter meinen Füßen, das war André Duvals letzter Gedanke, bevor er, ein paar feuchte Blätter mit seinen Schuhen in den Laden tragend, die Tür öffnete und hinter sich schloß. Er ging auf sie zu, die im Hintergrund auf ihn wartete in violetter Pracht, mit schwarzem Samtcape, das die Arme verhüllte, weil sie keine hatte.

Sokrates öffnete am Montag seinen Laden, genau wie es Moran Pinkas gegenüber tat. Er schaute hinaus aus seiner verstaubten Werkstatt über die Straße hinüber zu den Herrenanzügen. Er starrte auf die Puppen. Sie stand in Violett und Schwarz. Er trug Grau. Sein Gesicht aus Wachs wirkte fast traurig, die langen Wimpern wie Spinnenbeine.

Sokrates' Hände zitterten. Bevor er sich auf seinen Schemel setzte, nahm er ein Paar Schuhe und legte sie mit der Geste des Bedauerns und der Ergriffenheit ins Feuer seines Ofens. "Er", waren Sokrates' Worte, die er mehr zu sich als zu den Schuhen sprach, "hätte das andere vergessen sollen, nicht euch."

Stimmen der Nacht

Nicht die Schreie
und Schmerzen
nicht die Tränen
der Not
nicht die Sehnsucht
mehr im Herzen;
wenn ich tot bin,
bin ich tot.

Nicht das Meer
und sein Rauschen
kein Blau
und kein Rot
und du kannst
auch nicht tauschen:
wenn du tot bist,
bist du tot.

Seine Liebe
und sein Lachen
sind dir wichtig
wie das Brot
und was willst du
morgen machen:
wenn er tot ist,
bist du tot?

Schwarze Blumen

Wenn du stirbst
fragt dich niemand
warum
wenn du gehst
fragt dich niemand
wohin.
In die Nacht
wo schwarze Blumen
welken
und blauer Nebel
dein Gesicht
verhüllt
in tiefer Stille
nichts verklingt
kein Schritt
kein Lachen
und kein Schrei.
Wo Moos der Traurigkeit
erstarrt
in kaltem Licht
in dem du frierst –
vielleicht
vielleicht auch nicht –
nichts in dir ist
das spürt, erschrickt
und Schmerz noch fühlt.
Wohin du gehst
wird keiner fragen
warum du kommst
und nicht
woher.

Gottscheds Brief an Zinth

Joshua Kit Gottsched
Kunstrichter

An Sirmione Zinth, Morella.
Berlin, der 20. November 1975.

Ein leichtes Schneetreiben liegt über der Stadt. Kaum eine halbe Stunde ist es her, daß ich mir auf dem Heimweg den Mantel enger um den Körper zog. Die Reifen der Automobile vor dem Schöneberger Rathaus ziehen Linien in die nasse, weiße Schneefläche auf dem Asphalt. Eine kinematographische Reminiszenz: auf dem Blech dunkler Limousinen schmelzende Flocken, flackernde Feuer in Blechtonnen neben vorweihnachtlichen Verkaufsständen. Doch verzeihen Sie mir diese impressionistischen Anwandlungen, Wichtigeres soll zur Mitteilung gelangen. Ich vergesse alsdann den Kachelofen in der Wohnung einer lieben Freundin, die mir Quartier gewährte. Ich versuche, nicht zu hören auf das heimliche Knistern der glühenden Kohlen, an den alten Hinterhof, dessen Pflaster vier Stockwerke unter dem Fenster liegt, in dessen Nähe sitzend ich dies niederschreibe. Nur noch späte Dämmerung dringt herein. Schnee schmilzt an den Scheiben. Drei Kerzen auf einem Leuchter werfen wechselnde

Schatten auf die Wände. – Sehr verehrte und höchlichst geschätzte Sirmione Zinth! Wir haben den Herrn Verleger wieder, und der Herr Verleger hat sich wieder. Man weiß um die betrübliche Tatsache, daß nahezu zwei Jahre ins Land gehen mußten bis jetzt, da eine Novität des Verlages in Kürze ans Licht gestellt werden kann. Wenn mir auch, wie Sie wissen, die praktischen Details unserer Werkstatt nicht allesamt einsichtig sind, so vermochte ich doch bei einem letzten Blick vor meiner Reise in die Verlagsoffizin deutlich zu sehen, daß neue Papiere angekommen waren, Kartonagen sich in den Regalen stapelten und die Druckapparaturen von ihren Staubmänteln befreit waren. An einem Kännchen hing ein frischer Tropfen Öl. Vielleicht ahnten Sie bereits beim Empfang dieses Briefes die höchst freudige Nachricht, die durchaus nun nicht länger mehr hinter dem Berg gehalten werden soll, daß dieser frische Unternehmungsgeist Ihnen nämlich gilt, Ihren neugeschaffenen Werken. Der werte Herr Verleger hat mich darüber in Kenntnis gesetzt – mit der Bitte, den Sachverhalt Ihnen zu übermitteln –, daß dem Erscheinen Ihres neuen Buches der Vorrang gegeben wird vor Spießens Selbstmörderbiographien. Wiewohl letzterem Werk höchster Belang eingeräumt werden muß und ihm auch Curiosität nicht abzusprechen ist (das letzte Wort verbat sich der Herr Verleger im Zusammenhang mit Spieß allerdings ausdrücklich), wurde es doch - ich frohlockte - zugunsten von Zinth verschoben. Auch mit Dr. Leichhardts "Tagebuch einer Landreise von Moretonbay nach Port Essington" ist erst frühestens zur Herbstmesse im nächsten Jahr zu rechnen. - Was letztendlich den Ausschlag gegeben hat, ist nicht ohne weiteres ersichtlich. Die Rundfunksendung Ihres ersten Buches, der "Grausamen Gedichte", im Frankfurter Sender - mir ist die ausgesprochen vorzügliche Interpretation Ihrer fast wahnwitzigen und zugleich ernsten Visionen gern erinnerlich - mag zum geringsten Teil die Entscheidung so beeinflußt haben, wenn auch der Herr Verleger seit seiner Mitarbeit bei der Mainzer Televisionsanstalt aufmerksam wurde auf die Möglichkeiten von in Funk und Fernsehen übermittelter Litteratur. - "Zinth ist Zinth", bemerkte er nur nach der Lektüre Ihrer neuen Manuskripte und vertraute sie mir an zur sicheren Aufbewahrung. Ich vermute, daß an diesem frühen Herbstmorgen - es war zwei Uhr - die Würfel schon gefallen waren. Der Calvados war leer. - In späteren Gesprächen wurden die Umstände der Neigung für Ihre Texte deutlicher. Ich gestatte mir, Ihnen daraus einige vordringliche Aspekte zu referieren. – Gerechtfertigt ist es anzunehmen, daß Sie einen Typ Gedicht gestalten, der zwar nicht unbedingt einzigartig ist (gibt es doch zum Exempel hohe Beziehungen zu Allan Poe, mittlere zu Balladendichtungen und niedere zu Moritaten), so kann man doch Ihrem litterarischen Schaffen einräumen, daß es den Inhalten des Wortes Lyrik einen ungewöhnlichen Sinn hinzufügt. Nannte ich Ihre "Grausamen Gedichte" eine "lyrische Geisterbahnfahrt", so ist diese Formulierung zwar bezeichnend, aber doch eigentlich noch ergänzungsbedürftig. – Grauen als Gedichtinhalt, Sie stören übliche Erwartungen, reißen Lesegewohnheiten mit der Spitzhacke auf, verwirren. Ihre Inhalte mögen zunächst lächelnde Kitzel, wohlige Schauerempfindungen erzeugen – schließlich aber ergreift den Einfühlungsbereiten tiefstes Unbehagen. Der Genuß von Skurrilität schlägt um in untergründige Angst, die in Fragen des Seins zwingt. Zuzugebenderweise verabreichen manche Ihrer Gedichte und Erzählungen, vor allem die früheren, große Portionen äußerer Schockmittel, aber schon bei diesen zeichnet sich der Beginn der notierten Doppelbödigkeit ab der spontanen Aufnahme und des sich vermehrenden Eindrucks. Aus meiner Profession be-

scheinige ich Ihnen, daß das kürzeste
Ihrer nun zur Veröffentlichung gelangen-
den Gedichte eine seltene, unmittelbare
Kraft der Erschütterung besitzt. Wahr-
lich, dieses ist unvergleichlich viel mehr
als ein "Grausames Gedicht" des Typs,
den Sie mit diesem Namen Ihres Buches
aus dem Jahr 1972 bezeichneten. – Un-
sere gegenwärtige Zeit der Egalisierung,
in der man sich hinter den Vorhängen und
Vorgärten des modernen Menschentums
perfekt vertuscht, hinter seinen Attribu-
ten versteckt, braucht den Schlag und
den Stoß für den Riß zum Eindringen
üblich nicht gedachter Gedanken. Die
Ausklammerung des die hübschen Fassa-
den Störenden geschieht täglich; eine
Begegnung mit Krankheit, Verfall oder
Tod als den extremsten Beispielen für
nicht einzuordnende Lebenstatsachen
gestaltet sich unsicher, verlegen und
verdrängend. Die glatten, wohlständi-
schen Visagen von Titelblattmenschen
der Stuyvesant-Generation vertragen
solches nicht recht, wirken sie nicht wie
leere Masken, sucht man nach ihrer Sub-
stanz? – Dem roboterhaft voranstürmen-
den Leben mit nur allerkürzesten Per-
spektiven sind Dimensionen verlustig
gegangen, deren Leerraum aber partout
nicht mit Schminke übertüncht werden
kann. – Das Gaspedal verjagt, und der
Televisionsapparat fesselt. Es herrscht

die Faszination der Hatz des Abspulens. – Diese Zeit braucht Bedenken und dieses in ihr einen brisanten Ausdruck. Der Herr Verleger sieht gerade hierin die bedeutendste Möglichkeit des Gedichtes. Er sagte mir unlängst, daß es störender Zwischenfall sein sollte in der Flut des Gedruckten. – Solchermaßen haben wir Sie bedacht, der Herr Verleger und ich. – Wie geht es Morella, der Stadt, die ich in einem Brief im Frühherbst einen "versteinerten Sarkophag einer versunkenen Zeit" nannte? Lockte mich meine Phantasie zwar nicht in solch großartige Tollheit wie die Ihre, so zwickten mich doch grausige Grillen in der Betrachtung der dunkelsten Kirche meiner Erinnerung, der flackernden Lichter, die an der Wand lehnende Prozessionsampeln beleuchteten. Morella. Wie lange, so frage ich, belieben Sie noch zu bleiben? – Der Herr Verleger wird sich dieses Mal, wie er versicherte, aufs höchste großzügig in der äußerlichen Ausstattung Ihres Buches zeigen. Als der Sammlung voranstehender Titel ist "Soireé mit Sirmione Zinth" ins Auge gefaßt. Meines Erachtens steht gerade dieser der geplanten Zusammenfassung verschiedenartiger Beiträge ideal voran, denn ist nicht auch ein Leseabend in sich auf Gegensätze angewiesen, will er Unterhaltung und Tiefe zugleich geben und nicht langweilen. - In Ihrem geneigten Einverständnis zu handeln, hoffen wir, wenn wir auf vielfachen Wunsch der engeren Leserschaft Ihre Erzählung "Tommy Tom tok tok" erneut ans Licht stellen. - Soweit sei dieser Brief gediehen. Sie hören von mir, wenn Neuigkeiten zur Mitteilung anstehen. Es ist spät, die Kerzen sind niedergebrannt, das Bett lockt. Noch Arrau, ein Satz Schumann, dann.

Gottsched.

CIP-Kurztitelaufnahme der Deutschen Bibliothek

Zinth, Sirmione
Soirée mit Sirmione Zinth : Gedichte u. Erzählungen / mit e. Brief
von Joshua Kit Gottsched u. 6 Zeichn. von Jaroslava Paraskevová.
   Enth. u.a.: Doktor Luderlack. - Bolero. - Tommy Tom tok tok.
   ISBN 3-87293-016-8

Alle Rechte vorbehalten.
Copyright by kh hartmann publikation Friedrichsdorf im Taunus-
Burgholzhausen vor der Höhe (Tommy Tom tok tok 1970, alle
anderen Texte 1975).
Zeichnungen von Jaroslava Paraskevová.
Erste Auflage: 200 numerierte Exemplare.
Die Satz- Druck- und Bindearbeiten wurden in der Werkstatt
Karlheinz Hartmanns ausgeführt. Schriften: Carlton - Stephenson
Blake und IBM, Schmuckrand: D. Stempel, Papier: Contocolor und
Zanders Top Offset.

ISBN 3-87293-016-8

№ 000172